AF582278

L E

SECRET

D E S

FRANCS-MAÇONS,

Entierement découvert à une jeune Dame de dix-ſept ans, par un faux Frere de quatre-vingt ans;

A V E C

*UN DISCOURS PRONONCÉ en Loge le 24. Juin 1748. jour de la Fête de Saint Jean-Baptiſte, Patron de l'Ordre, par le Frere de H***, Orateur.*

A MASTRICK,

Chez ANDRÉ L'IMPRENABLE, à l'Enſeigne de la Reddition.

Le 6. Juillet 1748.

(2)

Gutta cavat lapidem non vi, ſed ſepè cadendo.

L'Eau qui tombe goutte à goutte, ſans employer la force, perce le plus dur rocher.

LE SECRET DES FRANCS-MAÇONS,

Entierement découvert à une jeune Dame de dix-ſept ans, par un faux Frere de quatre-vingt ans.

La perſéverence des Belles l'emporte enfin ſur le ſerment rédoutable des MAÇONS.

Juſqu'ici fort Samſon ; mais aujourd'hui ſans qu'il m'en coute un ſeul de mes cheveux gris, je ſuis vaincu par la jeune Dalila.

Sexe charmant ! que peut contre vous

toute la ſageſſe de Salomon, votre vertu aimantée, & qui tient un peu du Baſilique, a fait fléchir l'Inſtituteur DE LA MAÇONNERIE devant les Autels de la Déeſſe de Sidon.

Si le Cedre du Liban a été renverſé, quelle doit être la culbute d'un foible Roſeau ? Sans contredit, il faut qu'un ſimple MAÇON vous rende les armes lorſque vous le preſſez, *unguibus & roſtro.*

Quelles folies ne fit pas un fameux MAÇON, Roi d'Egypte, lorſqu'un Aigle eut dépoſé à ſes pieds comme un tréſor la Pantoufle d'une Princeſſe de moyenne vertu.

Quoique l'âge de près de ſeize luſtres me mette hors d'état de trouver chauſſure à mon pied, j'éprouve aujourd'hui qu'un certain vieux Anachorete aſmatique avoit bien raiſon de râler, fi, fi, à la Tourriere Cunegonde qui lui mettoit la la main ſur le mamelon pour ſentir s'il n'étoit pas trepaſſé.

Je l'avouë, quoi qu'auſſi froid qu'une Reine de la Laponie, peu s'en eſt fallu l'autre jour que deux flambeaux que vous portez belle Iris ne m'ayent entierement conſumé; car je le confeſſe, il s'en faut beaucoup que je ſois Salamandre : précieux tréſor des MAÇONS, ſi je l'avois été, tu feroit encore renfermé dans les abîmes d'un religieux ſilence: Secret juſqu'ici inviolé, tu ſerois encore ſcellé de l'Anneau taliſmatique de Salomon, que lui vint préſenter en chantant & en danſant l'Heroïne de Saba.

Mais à quoi bon tant de diſcours, & imiter le ramage du Cigne, qui ne s'entend jamais mieux que lorſque le Ciſeau d'Atropos lui enleve l'exiſtence & la vie.

ORDRE jadis ſi reſpecté ſur la terre & ſur l'onde, vous allez donc finir.

En apprenant au Public ce que vous

êtes, je lui apprens que vous n'êtes plus: le Secret fait votre être, en le divulgant vous n'existez plus.

Sage Pallas, oserai-je ici vous invoquer, implorer le secours de votre Egide, pour me dérober à toute la fureur de la MAÇONNERIE.

Mais, non, il n'est pas juste, CHERS FRERES, que vous soyez plus long-tems les seuls Sages de l'Univers, il est bon & utile de communiquer votre sagesse au reste des Mortels; & le Sexe tout pieux & dévot qu'il est, en sent tout le besoin; nous pouvons en juger par son empressement à séduire les pauvres MAÇONS.

Mais voici les portes du Temple qui sont renversées, ce n'est plus un nuage épais qui en sort, comme dans le tems où l'impie Héliodore reçut les étrivieres, c'est le Chandelier à sept branches qui répand la lumiere par-tout, & voilà, MESDAMES, le premier ornement

de

de la Loge des MAÇONS.

Si quelqu'une de vous eſt dans ſes jours caniculaires, elle peut ſe baigner dans la grande Mer d'Airain, qui s'eſt miraculeuſement conſervée juſqu'à nous; c'eſt un préſent du célebre MAÇON l'Empereur Tite, qui la ſauva des débris du Temple de Jeruſalem.

Comme rien n'eſt plus blanc & plus pure que l'ame d'un MAÇON, nous ſommes revêtus pendant nos ſacrés Orgies des robes blanches & de fin lin que portoient les Lévites, & nous les devons au Roi Agrippa, qui étoit ſurveillant dans la Loge du vénérable Grand-Maître l'Empereur Auguſte.

Que la plus hardie tremble ici en voyant le Vénérable la Verge d'Aaron à la main ; ſi Eſther tomba à la renverſe lorſqu'elle fut touchée de celle d'Aſſuerus, je crains ici que mes Curieuſes ne ſoient payées de leur curioſité.

Dans

Dans les Loges Æriennes de Jupiter, c'eſt Hebé, c'eſt Ganymede ſans poil & ſans barbe qui diſtribuent l'ambroiſie à la vénérable & divine Aſſemblée.

Dans la MAÇONNERIE les FRERES devenus tout eſprit, ſe raſſaſient de la fumée des viandes, dont toutes les murailles de la Loge ſont garnies, & ils ſe déſalterent (pendant les Receptions, qui ſe font toujours en chantant & en danſant) de l'odeur des vins & des eſſences précieuſes qui rempliſſent mille flacons d'or appendus aux voûtes, avec plus de magnificence que les Drapeaux & les Etendarts dans le Temple de Bellonne.

Dans le Temple de Salomon il y avoit deux Autels, l'un où l'on brûloit les parfums, l'autre où l'on offroit les victimes en holocauſte.

L'encens de nos vertus fume continuellement pendant nos Cérémonies ; mais chaque MAÇON eſt l'Autel & le Sacrificateur ;

crificateur ; la victime n'est point sanglante, elle n'est que l'effusion d'un cœur pur, & qui s'éleve au-dessus des sens. Voilà donc à-peu-près la décoration de nos Loges.

Remords cuisans qui me saisissez à la gorge vous en aurez le démenti, & la Déesse qui m'enflamme ne sera pas MAÇONNE à demie.

Le Signe des Apprentifs se fait en mettant la Main droite dans la Poche droite, on y remue sept fois la main en l'honneur du Chandelier à sept branches, & on a soin de le faire modestement, en imitant un MAÇON de pratique, qui remue avec sa Truelle le Mortier dans son Auge.

Le Signe des Compagnons se fait en passant la Main droite, & la Main gauche sur les deux jouës, il faut sur-tout les appuyer métodiquement, & de façon à faire croire que c'est une Muraille qu'on qu'on met à l'uni, il ne faut pas s'embaraſſer de froiſſer un peu ſon nez, un MAÇON s'éleve au-deſſus des ſens, & devient inſenſible à tous les maux.

Venons au Signe des Maîtres, c'eſt ici le lieu de donner le démenti à tous ces Libelles qui n'ont pas le ſens commun, & qui n'ont pas plus approché de la vérité que je découvre, que le Pôle Artique n'approche du Pôle Antartique.

Vous ferez le Signe du Maître en fermant le Poing droit, & en l'appuyant un peu vivement ſur le Dos du premier Apprentif que vous trouverez, & cela avec un air de correction, comme pour lui faire diligenter ſon Ouvrage.

Vous commencez, MADAME, à ſçavoir quelque choſe, vos yeux ſe déſilent, l'écaille tombe, vous êtes électriſée, vous êtes preſque MAÇONNE. Un peu de courage, vous en êtes à l'attouchement : vous rencontrez un Apprentif

prentif, vous lui présentez la Main gauche, dont vous faites un espéce de Cornet avec les Doigts, il y enfonce sur le champ le Doigt *annularis* de sa main droite, & vous de votre côté vous enfoncez votre *Annularis* droit dans le Cornet qu'il a formé avec sa Main gauche.

Si c'est un Compagnon vous lui prenez le Doigt du milieu de sa Main gauche, & vous le remuez sept fois, toujours en l'honneur du Chandelier à sept branches; observez qu'il doit y avoir une parfaite union, & une entiere égalité entre les FRERES; ainsi pendant que vous lui remuez le Doigt du milieu de sa main gauche, il doit observer à votre égard la même cérémonie avec sa main droite.

L'attouchement du Maître se fait par une accollade mutuelle, & c'est alors qu'on n'est plus qu'un en deux corps, ou, pour

pour parler plus cathegoriquement, & éloigner toute expreſſion qui puiſſe bleſſer les oreilles chaſtes, on n'eſt plus qu'une ſeule ame, ſans que les ſens y ayent aucune part.

Enfin, tout le Secret va ceſſer de l'être, en vous diſant les trois Mots Sacramentaux de la MAÇONNERIE.

Le Mot des Apprentifs c'eſt cette maxime : Ne faiſons point aux autres, ce que nous ne voudrions pas qu'on nous fît à nous-mêmes.

Le Mot des Compagnons c'eſt celui-ci : Rendons à Ceſar, ce qui eſt à Ceſar, & à Dieu, ce qui eſt à Dieu.

Enfin, voici le Mot des Maîtres : Tâchons d'être parfaits, comme le ſouverain Architecte eſt parfait.

Je vous vois encore curieuſe de ſçavoir la marche des MAÇONS, il ne m'eſt pas poſſible de vous l'exprimer ſur le papier. Je vous renvoye au Palais de la Reine

Michol, vous vous réjoüirez avec elle en la voyant recorder la Danſe que David danſa devant l'Arche ; c'eſt à peu de choſe près la Marche des MAÇONS.

Eſtes-vous galante, êtes-vous dévote, ſoit billets doux, ſoit demandes curieuſes à votre Directeur, vous voulez écrire en MAÇONNE, dépêchez un Poſtillon à Perſepolis, ſur le frontiſpice des Palais de Darius, il trouvera l'Alphabet des MAÇONS.

Qu'une Dame curieuſe eſt incommode, vous m'avez rendu infidel à mon Ordre, j'ai fauſſé mon Serment ; mais vous vous ſouvenez que dans une de nos Chanſons il eſt dit que les Profanes ne ſçauront pas ſeulement comment boivent les FRERES.

Vous voulez que je vous fourniſſe de quoi donner un démenti au Boileau de la MAÇONNERIE ; je me ſuis trop avancé pour faire l'écreviſſe ; nous buvons

vons à la maniere de ces vaillants Soldats de Gedeon, avec lesquels il défit les Madianites; nous n'avons ni vases, ni coupes, ni pots, ni gobelets, ni bouteilles, ni vers, ni terrines, ni chaudrons, ni cuviers.

Nous mangeons comme les Israëlites, les rheins ceints, un bâton à la main sur nos tables, il y pleut une manne plus friande qu'une Outarde; car elle a tous les goûts que nous voulons, & dans les grands Jours les Cailles nous y tombent toutes roties.

Sans tuer jamais personne, nous faisons toujours feu, nous tirons continuellement, sans jamais faire rencherir le plomb, ni la poudre.

Sans être Dévots outrés, nous prions toujours, & faisons des vœux pour tous ceux que nous connoissons.

Nous ressemblons peu à Mitton de Crotonne, qui mangea un Bœuf après l'avoir l'avoir porté sur ses épaules, & assommé au bout du Stade; nous mangeons proprement, chastement, sobrement, & jamais Baccus n'eut d'Autels dans nos Loges; Bocace & Laretin sont proscrits parmi nous; Arlequin & Trivelin n'y sont jamais reçûs; le moindre écart de la part des FRERES est puni par le Vénérable, d'une maniere qui afflige le cœur, sans cependant que le corps en souffre jamais; nous n'offensons personne; & notre Devise enfin c'est : *Honny soit qui mal y pense.*

Si quelque Critique vient à censurer ma petite Piéce burlesque, je n'en serai nullement étonné, d'autant plus que je la censure moi-même. Je l'ai faite *currente calamo*, & dans le dessein de me désennuyer seulement, n'imaginant pas qu'elle passe jamais dans des mains étrangeres : si contre mon desir elle y parvient, je dirai encore : *Honny soit qui mal y pense.*

DISCOURS

PRONONCÉ

EN LOGE

*Le 24. Juin 1748. jour de la Fête de Saint Jean-Baptiste, Patron de l'Ordre, par le Frere de H***, Orateur.*

ENFIN, le plus grand Roi du monde enchaîne la victoire, il fait triompher cette aimable paix qui regna toujours dans son cœur.

Ce foudre qui renversa les Remparts de Tournay, qui terrassa tant de Titans dans les Journées de Fontenoy & de

Lavvfelds, a cessé de gronder, il va se reposer long-tems!

Toute la Terre, étonnée de la modération du Vainqueur, publie avec justice, qu'il joint au courage d'Alexandre, la sagesse & les vertus pacifiques de Salomon.

Puissances ennemies, la rapidité de ses Conquêtes vous a forcé de recourir à sa clémence; mais malgré cette ancienne jalousie contre notre Nation, avoüez qu'il est bien doux d'être vaincu par un Prince qui sçait se vaincre lui-même, & qui n'aspire à d'autre gloire, qu'à celle d'être par-tout, & en tout, LOUIS le Juste, LOUIS le Pacifique, LOUIS le Bien-Aimé, non-seulement de ses Peuples & de ses Alliés, mais même de ses Ennemis.

Prince protegé, & Protecteur de la MAÇONNERIE, notre très-respectable Grand-Maître, vous nous êtes enfin rendu.

Nous ceſſons de trembler pour ces jours néceſſaires, juſqu'ici expoſés à tant de périls par l'ardeur de votre courage.

Que l'épée du Grand Condé ſe repoſe à l'ombre de ces nobles Exploits, & mettant de côté ces faiſſeaux de Lauriers que vous avez moiſſonné dans les Campagnes belgiques, venez recevoir de la main des FRERES une Couronne d'Olivier, & goûter parmi nous les douceurs du repos.

Et vous, Vaillant Hercules, Notre Cher FRERE, obéïſſez au Jupiter François, qui vous indique par ſa modeſtie & ſon déſintéreſſement, que c'eſt dans les murs de Maſtrick que vous devez planter vos Colonnes, & le *Nec plus ultrà* de vos Victoires.

Aſſez, & bien péſamment votre maſſuë a frappé nos Ennemis, qu'ils ne ſoient frappés à l'avenir que des remords

 qu'ils

qu'ils conserveront long-temps, d'avoir méconnu la magnanimité d'un si vertueux Monarque, & d'avoir lutté à leur honte contre un Capitaine qui possede éminemment toutes les vertus militaires des Scipions & des Césars.

Recevez aussi les augures d'une glorieuse immortalité, Illustre MAÇON, Auguste Collegue des héroïques travaux de Maurice, vous qui faites oublier les Siéges de Babylone, & de l'ancienne Tyr, pour ne penser qu'à celui de Berg-op-Zoom, & qui éclipsez par la prise d'Ostende toute la gloire des Parmes & des Spinola.

Saint Patron, en l'honneur duquel nous nous assemblons aujourd'hui, je vous dois l'heureuse occasion de payer un juste tribut de louanges au Monarque qui nous donne la Paix, & à ces Héros de notre Ordre qui lui ont aidés à détremper le ciment précieux qui la consolide,

lide, & la rend à jamais durable.

Très-Vénérables, très-chers FRERES, rendons à notre Saint Protecteur en ce jour conſacré à ſa Fête, d'immortelles actions de graces pour tous ſes bienfaits.

Précurſeur du Meſſie, qui apporta la Paix aux Hommes de bonne volonté, ſans doute qu'il n'a pas peu contribué par ſes ſollicitations aux pieds du Trône du ſouverain Architecte, à la concluſion de celle-ci, qui faiſoit l'attente & les deſirs de toute l'Europe.

Heureuſe Paix regnez auſſi parmi les MAÇONS, uniſſez-les de plus en plus, & faites qu'ils n'ayent qu'un cœur, qu'une ame, qu'une volonté.

Heureuſe Paix qui enchaînez la Diſcorde qui déſuniſſoit les Nations, enchaînez cette antipathie que les Profanes conſervent encore contre nous, & faites qu'à l'avenir il y ait autant de Sages, autant de MAÇONS qu'il y a d'Hommes sur la terre.

Que la lumiere paroisse à leurs yeux, & qu'elle en fasse des Hommes nouveaux.

C'est alors véritablement qu'il n'y aura plus de Guerre, & qu'un chacun, comme au tems de Salomon, vivra dans l'abondance, & en repos à l'ombre de sa Vigne & de son Figuier.

Mais s'il ne nous est pas possible de faire entrer dans la Sale du Festin tous ceux que notre zéle & la sagesse convie à s'y présenter, conservons toujours l'harmonie & le bon ordre qui régne dans cette Loge respectable, dont j'ai l'honneur d'être Membre & Orateur.

Pour m'acquitter dignement de ma fonction, chaque FRERE mériteroit aujourd'hui un Eloge pour la pureté de ses mœurs, la régularité de sa conduite, & l'exactitude à tous ses devoirs.

J'ose

J'oſe le dire avec confiance, tous les vices ſont bannis de notre Societé, & la plus haute Sageſſe y voit tous les FRERES ſoumis à ſes leçons.

Autrefois Céſar éleva dans Rome un Temple magnifique à la Concorde, ſa Déeſſe favorite, il la fit repréſenter ſous la forme d'une jeune Fille vêtue à l'antique, pour déclarer que la Concorde eſt de tous les tems, qu'elle eſt propre & utile à tous les âges & à toutes les conditions.

Elle étoit couronnée d'une guirlande de Fleurs, pour marquer la bonne odeur qu'elle répand par-tout, & l'eſtime qu'on doit en faire.

Elle portoit en ſa main droite un Baſſin rond, ſur lequel étoit un Cœur, pour ſignifier qu'elle doit regner par-tout le Globe de la Terre, & vivifier le cœur de tous les Hommes.

Elle avoit ſur ſes épaules deux Cornes d'abond'abondance, pour faire sentir que tous les biens proviennent d'elle, comme de leur source.

Sa main gauche étoit armée d'un Dard, comme pour en percer les indiscrets & les curieux.

Sous ses pieds elle écrasoit un Geryon, Monstre à trois visages, pour représenter son pouvoir sur l'injustice, sur la médisance & la calomnie, & pour faire connoître que c'est par l'Union & par la Concorde que les Sages triomphent tôt ou tard de tous leurs ennemis.

C'est cette vertu, mes chers FRERES, à laquelle nous présentons tous les jours nos hommages dans cette Loge choisie, qu'on peut nommer un Temple dedié à la Concorde; c'est cette vertu qui doit être le principe, le mobile, & la fin de toutes nos actions, la bâse & le fondement, *in quo vivimus, movemur & sumus*; par elle nous trouverons des secours

cours intariſſables dans les adverſités & dans les diſgraces.

Elle mettra l'aiſance, l'uniformité & le bon goût dans nos exercices.

Elle donnera un ſel & une pointe agréable à nos plaiſirs les plus ſimples.

Elle arrêtera ces ſaillies indiſcretes, qui font avouer au Sage qu'il peut pêcher ſept fois en un jour.

Elle inſpirera de ne jamais ſe permettre ni raillerie, ni médiſance qui puiſſent le moins du monde déplaire à un FRERE.

Elle contribuera à la majeſté de nos Cérémonies, à la ſolemnité de nos Myſteres.

Elle aſſaiſonnera les mets qui ſeront préſentés ſur nos tables.

Elle tiendra ferme le cordon & les attaches du rideau qui voile nos Fêtes, & qui les rend impénetrables aux yeux des Argus profanes.

Quàm

Quàm bonum, & quàm jucundum habitare Fratres in unum. Qu'il eſt bon, qu'il eſt doux à des FRERES de vivre tous enſemble avec union & avec concorde.

Le grand & ſaint Roi dont j'emprunte ici les paroles, ne goûta jamais ce bonheur qu'en idée ; perſécuté par Saül, raillé par Michol ſa Femme, trahi par Architophel ſon Miniſtre, déſobéï par ſes Généraux Joas & Abner, inſulté par Semei, le plus vil de ſes Sujets, détrôné par ſes Fils Abſalon & Adonias, il ne goûta jamais que les amertumes de la diſcorde & de la diviſion ; auſſi n'étoit-il pas MAÇON ; mais comme il étoit un grand contemplatif, & un ſaint Prophête, il comprit parfaitement tous les avantages de la MAÇONNERIE, & on l'entendit dans le pieux antouſiaſme de ſes Pſeaumes, envier le bonheur des MAÇONS, & s'écrier, *quàm bonum, &c.* qu'il qu'il eſt bon, qu'il eſt doux à des FRERES de vivre tous enſemble comme s'ils n'étoient qu'un ſeul.

Tous les biens réſultent d'une pareille union. Toute maiſon qui ſe ſouleve contre elle-même, dit la Vérité éternelle, ne pourra jamais ſubſiſter. Le contraire arrive dans une maiſon pacifique, dans une ſociété dont l'union eſt la clef & la pierre fondamentale.

Où eſt l'union, regne la Charité, dont le caractere eſt l'aſſemblage de toutes les vertus & la preuve du vray-mérite.

CONCORDE adorable, ſoyez à jamais noſtre Joye, noſtre Guide, noſtre Apuy, noſtre Lien, noſtre Neud-gordien, qu'aucune Puiſſance ne puiſſe ni couper, ni rompre, ni éluder *quàm bonum, & quàm jucundum habitare Fratres in unum.*

www.ingramcontent.com/pod-product-compliance
Lightning Source LLC
LaVergne TN
LVHW050507160826
845677LV00003B/992

* 9 7 8 2 3 2 9 6 3 5 5 7 6 *